천체 지도

북반구

북반구 별자리

- 물고기자리
- 조랑말자리
- 페가수스자리
- 안드로메다자리
- 양자리
- 고래자리
- 돌고래자리
- 도마뱀자리
- 삼각형자리
- 화살자리
- 백조자리
- 페르세우스자리
- 황소자리
- 여우자리
- 카시오페이아자리
- 케페우스자리
- 독수리자리
- 거문고자리
- 오리온자리
- 용자리
- 작은곰자리
- 기린자리
- 마차부자리
- 쌍둥이자리
- 헤르쿨레스자리
- 살쾡이자리
- 작은개자리
- 뱀주인자리
- 게자리
- 북쪽왕관자리
- 뱀자리
- 작은사자자리
- 바다뱀자리
- 사냥개자리
- 목동자리
- 큰곰자리
- 머리털자리
- 사자자리
- 처녀자리

북반구

그래도 지구는 돈다
갈릴레오 갈릴레이

"과학의 문제에 있어서는 천 명이 가지는 권위보다
한 사람이 내놓는 겸허한 추론이 더 가치 있다."
- 갈릴레오 갈릴레이

그래도 지구는 돈다
갈릴레오 갈릴레이

자일스 스패로 글 · 제임스 웨스턴 루이스 그림 · 박정화 옮김
초판 1쇄 발행일 · 2020년 12월 15일
2쇄 발행일 · 2022년 5월 10일
펴낸이 · 김금순
펴낸곳 · 디엔비스토리
출판등록 · 제2013-000080호
주소 · 서울 광진구 천호대로 709-9 음연빌딩 2층
전화 · (02)716-0767   팩스 · (02)716-0768
이메일 · ibananabook@naver.com
블로그 · www.bananabook.co.kr

Secrets in the Skies

First published in Great Britain in 2019 by Wren & Rook
Part of Hodder & Stoughton
Carmelite House
50 Victoria Embankmen
London EC4Y 0DZ

Text and design copyright ©Hodder & Stoughton Limited, 2020
Illustration copyright ©James Weston Lewis, 2020
Korean translation copyright © Dnbstory Co. Bananabook, 2020
All rights reserved.
This edition is published by arrangement with Hodder and Stoughton Limited through KidsMindAgency, Korea.

이 책의 한국어판 저작권은 키즈마인드 에이전시를 통해 Hodder and Stoughton Limited와 독점계약한 디엔비스토리(도서출판 바나나북)에 있습니다.
신 저작권법에 의해 한국 내에서 보호를 받는 저작물이므로 무단전재와 복제를 금합니다..
ISBN 979-11-88064-18-2 74840

• 바나나북은 크레용하우스의 임프린트이며 디엔비스토리의 아동·청소년 브랜드입니다

그래도 지구는 돈다

갈릴레오 갈릴레이

자일스 스패로 글 · 제임스 웨스턴 루이스 그림 · 박정화 옮김

낙하 실험

　이 이야기는 1590년 어느 밝고 화창한 아침에 시작됩니다. 호기심에 가득 찬 사람들이 이탈리아 북쪽에 있는 피사의 사탑 아래로 몰려들었어요. 탑의 맨 꼭대기에는 수학 교수인 갈릴레오 갈릴레이가 서 있었지요. 갈릴레이는 양손에 각각 크기는 같지만 무게가 다른 공을 들고 있었어요.

　갈릴레이는 두 개의 공을 탑 아래로 떨어뜨렸어요. 사람들은 무거운 공이 먼저 떨어질 거라고 웅성거렸지요. 기원전 저명한 학자인 아리스토텔레스가 그렇게 말했으니까요. 그런데 이게 어떻게 된 일일까요?

"쿵!"

　두 개의 공은 정확히 동시에 땅에 떨어졌어요. 지구의 중력은 무게와 상관없이 모든 물체에 영향을 준다는 갈릴레이의 낙하 운동의 법칙이 옳다는 것이 증명되었지요. 갈릴레이의 이 실험은 과학의 새로운 길을 열어 주었답니다.

　사실 과학자들은 갈릴레이의 이 낙하 실험 이야기는 갈릴레이가 세상을 떠난 후 한참 뒤에 과장되어진 거라고 생각해요. 하지만 왜 수백 년이 지난 후에도 갈릴레이에 대한 신화 같은 이야기가 계속되는 걸까요?
　그건 아마도 드라마 같았던 갈릴레이의 삶 때문일 거예요. 갈릴레이는 과학에 새로운 불씨를 당겼고 강력한 권위에 맞서다 죽을 위험에 빠지기도 했으니까요.

　갈릴레이의 이야기를 듣기 전에 먼저 갈릴레이 이전의 서양 과학에 대해 알아봐요.

천체의 비밀

 우리 조상들이 밤하늘에 떠 있는 별을 관찰했던 이야기는 오늘날까지 동굴 벽화로 남아 있어요.
 조상들은 별들을 특정한 모양으로 묶어서 기억하기 쉽게 별자리로 만들었어요. 그런데 하늘은 자꾸 변했어요. 태양과 달과 별들은 동쪽에서 떠올라 서쪽으로 지면서 매일 다르게 움직이는 것처럼 보였거든요.

전갈자리

황소자리

사자자리

오리온자리

오래전 천문학자들은 지구는 움직이지 않고 하늘이 돈다고 생각했어요. 하지만 그렇게 간단하게 결론을 내릴 수는 없었어요. 달은 매일 밤, 모양이 바뀌면서 움직였고 하늘에 떠 있는 별처럼 보이는 물체들은 복잡한 경로로 움직였으니까요.

고대 그리스의 천문학자들은 별처럼 보이는 이 수수께끼 같은 물체를 '방랑자'라는 뜻에서 '행성'이라고 불렀어요.

행성의 움직임을 풀어내는 데는 수천 년이 걸렸지만 우주에서 지구의 정확한 위치를 파악하는 중요한 열쇠가 되었답니다.

네르갈
(화성)

마르두크
(목성)

이슈타르
(금성)

옛날 천문학자들은 미래를 예언하는 점성가이기도 했어요. 그래서 행성은 신과 연결되었지요. 고대 바빌로니아에서는 전쟁의 신 네르갈과 신들의 왕 마르두크 그리고 아름다움의 여신 이슈타르의 이름을 따서 가장 밝은 행성들의 이름을 지었어요. 로마의 천문학자들도 그리스로마 신화 속 신의 이름을 따서 화성은 마르스(Mars), 목성은 주피터(Jupiter) 그리고 금성은 비너스(Venus)라고 불렀답니다.

당시 많은 사람들은 행성의 움직임으로 미래를 알 수 있다고 생각했어요. 예를 들어 화성과 목성이 서로 가까이 지나갈 때 나라에 전쟁이 있었다면 두 행성이 다음번에 만날 때 새로운 전쟁이 일어날 거라고 생각했지요. 따라서 행성의 움직임을 예측하는 것이 매우 중요했어요.

하지만 행성의 움직임을 정확하게 설명하는 것은 아주 어려웠어요. 행성들은 설명하기 어려운 이상하고도 신비하게 움직였거든요. 수성과 금성은 항상 태양 가까이에 머물렀고 화성과 목성 그리고 토성은 하늘 전체를 돌았지요.

고대 그리스 철학자들은 행성과 별이 아직 발견되지 않은 자연의 규칙에 따라 움직인다고 믿었어요. 많은 철학자들은 행성의 규칙을 발견하는 가장 좋은 방법은 우주가 움직이는 여러 방식을 추정한 다음 어느 것이 가장 적절한지 논리적으로 증명하는 것이라고 생각했어요.

하지만 아리스토텔레스의 생각은 달랐어요. 모든 분야를 연구했던 아리스토텔레스는 눈에 보이는 그대로 현실을 연구한 다음 자신이 연구한 것에 꼭 맞는 이론을 찾아내려고 했어요.

아리스토텔레스는 지구가 우주의 중심이고 움직이지 않으며 지구를 둘러싼 투명한 구체가 지구 주위를 회전한다고 생각했어요.
지구에서 가장 가까운 곳에 달이 있고 그 다음은 수성, 금성, 태양, 화성, 목성, 토성 그리고 가장 바깥쪽에 별이 있다고 했지요.

그리스의 천문학자인 프톨레마이오스는 『알마게스트』라는 책에서 아리스토텔레스의 이론을 발전시켜 별자리의 목록과 행성의 움직임을 새롭게 설명했어요.

각 행성들은 큰 구체에 의해 움직이면서 동시에 각자의 궤도를 따라 움직인다는 것이었지요. 프톨레마이오스의 이론은 왜 지구는 움직이지 않는데 행성이 저마다 모습이 변하고 다르게 움직이는지 조금 설명이 되었어요. 프톨레마이오스의 이야기는 빠른 속도로 퍼져나갔어요. 프톨레마이오스보다 우주에 대해 자세히 이야기 하는 사람이 없었기 때문이죠.

강력한 교회

5세기부터 시작된 중세 시대는 로마 가톨릭 교회가 강력한 힘을 가지고 있었어요. 교회 성직자들은 최고의 지식인들로 영향력이 아주 컸어요. 성서에는 하느님이 최초에 지구를 만드신 다음 낮과 밤을 지배하기 위한 빛으로 태양과 달을 만들었다는 내용이 들어 있었어요.

성직자들이 보기에 아리스토텔레스와 프톨레마이오스의 이론은 성서와도 잘 맞았어요. 그래서 아리스토텔레스의 이론을 옹호했어요.

중세 시대 로마에서 성서 내용과 다르게 생각하는 건 위험한 일이었어요. 그랬다간 교회로부터 추방당하거나 죽게 될 수도 있었죠.

하지만 다른 곳에서는 상황이 달랐어요. 이슬람 종교가 중동 전역으로 퍼지면서 이슬람 학자들은 그리스, 로마 등의 기술을 열심히 수집하고 이를 발전시키려고 노력했어요. 그래서 이슬람 천문학이 번성하게 되었지요. 별과 행성의 위치를 측정하기 위한 새로운 도구가 발명되면서 프톨레마이오스의 이론에 문제가 제기되기도 했어요.

천체의 변화

1450년경 놀라운 발명품이 만들어졌어요. 요하네스 구텐베르크라는 독일인이 책을 빠르고 저렴하게 인쇄할 수 있는 기계를 만든 거예요. 책이 그 어느 때보다 멀리, 그리고 빠르게 퍼져나갈 수 있게 되었죠.

프톨레마이오스의 『알마게스트』의 인쇄본과 요약본이 곧 널리 퍼졌고 1496년경 한 폴란드의 젊은 사제였던 니콜라우스 코페르니쿠스의 손에 들어가게 되었어요.

코페르니쿠스는 프톨레마이오스의 이론에 매력을 느꼈어요. 하지만 별과 행성을 직접 관찰하면서 이론과 다르다는 것을 알게 되었지요.

1514년 코페르니쿠스는 책을 써서 친구들에게 보냈어요. 그 책에는 태양이 우주의 중심에 있고 지구가 태양 주위를 돌고 있는 6개의 행성 중 하나라고 가정하면 모든 행성들의 움직임을 설명할 수 있다고 쓰여 있었어요.

그런데 코페르니쿠스는 교회로부터 추방당할까 봐 두려워 자신이 세상을 떠나면 출판을 해달라고 했답니다.

자, 지금까지 갈릴레이 이전의 서양 과학에 대해 알아보았어요.

이제 갈릴레이의 이야기를 들어 볼까요?

1572년 11월, 유럽 전역의 사람들이 밤하늘에 펼쳐지는 새롭고 이상한 광경을 놀라움과 두려움 속에서 바라보았어요. 카시오페이아 별자리에 달 다음으로 밝게 빛나는 새로운 별이 나타났거든요.
　이것이 도대체 무슨 뜻인지 알아보려고 왕과 왕비들은 서둘러 궁정 점성가들을 찾았고 사람들은 세상의 종말에 대해 이야기했어요.

　이탈리아 북부 마을 피사에 사는 여덟 살짜리 소년 갈릴레오 갈릴레이도 이 새로운 별을 자신의 방에서 바라보았어요. 이토록 흥미로운 광경을 놓친다는 것은 호기심 많은 소년답지 않은 일이었으니까요.

갈릴레이는 1564년 이탈리아 피렌체에서 태어났어요. 아버지는 가난한 음악가였고 어머니는 옷 장사를 하는 집안의 사람이었어요. 그리고 두 명의 여동생과 남동생 하나가 있었지요.
갈릴레이는 어려서부터 모형과 작은 기계를 만들면서 시간을 보냈고 특히 주변을 관찰하는 것을 좋아했어요.

발명의 천재

　1581년 열일곱 살이 된 갈릴레이는 피사 대학에 입학해 의학을 배웠어요. 아버지는 갈릴레이가 의사가 되기를 바랐지만 갈릴레이는 자신이 뭘 하고 싶은지 몰라서 마음이 혼란스러웠어요.
　그러던 어느 날 조용한 피사 대성당에 앉아 있던 갈릴레이는 샹들리에가 일정하게 앞뒤로 흔들리는 것에 눈길이 갔어요. 호기심이 생긴 갈릴레이는 곧바로 실에다 쇳덩이를 달아서 좌우로 흔들어 보았어요.
　갈릴레이는 쇳덩이가 한번 왔다 갔다 하는 데 걸리는 시간은 쇳덩이의 무게나 흔들리는 폭과는 상관없고 실의 길이에 따라 달라진다는 것을 알아냈어요. 이 원리를 이용해 사람의 맥박수를 측정하는 장치를 발명했지요.

갈릴레이는 드디어 자신이 갈 길을 찾았어요. 이후 의학 공부를 중단하고 수학을 빠른 속도로 배워 나갔고 1589년 스물다섯 살에 피사 대학의 수학 교수가 되었답니다.

1592년에는 파도바 대학으로 옮겨 학생들을 가르치면서 열심히 연구해서 팔 수 있는 새로운 발명품들을 만들었어요.

당시 대학 교수 월급은 무척 적었기 때문에 이 발명품들은 갈릴레이에게 경제적으로 큰 도움이 되었답니다.

정수 저울
보석상들이 물질에 들어 있는 금과 은의 혼합 비율을 계산할 수 있게 되었어요.

양수기
말을 이용해 농사에 필요한 물을 땅 속에서 끌어 올릴 수 있었어요.

온도 측정기
물기둥의 높이에 따라 얼마나 뜨겁고 얼마나 차가운지 나타내 주었어요.

군용 나침반
대포의 발포 각도와 범위를 측정해 주었어요.

망원경

1609년 갈릴레이는 네덜란드의 안경 기술자인 한스 리페르헤이가 멀리 있는 사물을 가까이에 있는 것처럼 볼 수 있는 망원경을 발명했다는 소식을 들었어요.

갈릴레이는 망원경의 원리를 알아보고 곧장 자신만의 형태로 만들기 시작했어요. 오목 렌즈와 볼록 렌즈를 길고 둥근 관의 양 끝에 끼워서 훨씬 더 훌륭한 망원경을 만들었지요.

접안렌즈
눈으로 보는 쪽의 렌즈로 접안렌즈라고 불러요. 접안렌즈는 들어오는 빛을 눈의 망막을 통해 확산시키기 때문에 물체가 훨씬 가깝게 보여요.

갈릴레이는 첫 번째 망원경을 멀리 있는 물체가 3배 더 크게 보이도록 만들었어요. 1년 후에는 30배나 더 크게 보이도록 성능을 향상시켰답니다.

대물렌즈
대물렌즈라고 부르는 망원경 바깥쪽의 큰 렌즈는 멀리 있는 물체가 내는 빛을 망원경 안으로 모아 상을 만들기 때문에 물체가 훨씬 크게 보여요.

더 멀리 보는 망원경

갈릴레이는 1609년 8월에 개선된 망원경을 가지고 베네치아로 갔어요. 갈릴레이는 베네치아 중심부의 산마르코 대성당 종탑 꼭대기로 지도자들을 초대해 8배까지 물체를 크게 볼 수 있는 망원경을 공개했어요. 지도자들은 깜짝 놀라며 감탄했어요. 멀리 바다에 떠 있는 배들이 아주 가까이 보였으니까요. 지도자들은 이 망원경으로 먼 바다에 떠 있는 상선과 침입자들의 배를 구별할 수 있게 되었다며 기뻐했어요.

별에서 온 메시지

갈릴레이가 어린 시절에 봤던 별과 비슷한 또 하나의 새로운 별인 '신성'이 1604년 하늘에서 폭발하는 사건이 일어났어요. 갈릴레이는 신성을 연구하고 강의하면서 신성이 지구에서 엄청나게 멀리 떨어져 있을 것이라는 사실을 알아냈어요. 1609년 말부터 갈릴레이는 망원경으로 밤하늘을 관측하기 시작했지요.

당시 아리스토텔레스와 프톨레마이오스 그리고 가톨릭 교회는 하늘은 신의 창조물이며 절대 변할 수 없다고 했지만 갈릴레이의 신성 연구 결과는 그렇지 않았어요.

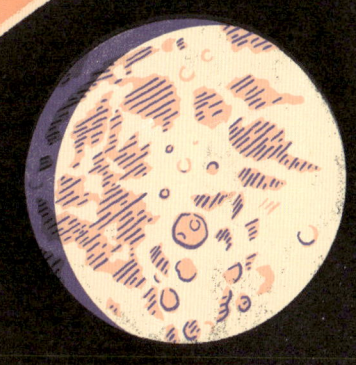

달에 떨어진 돌덩이들의 흔적인 운석 구덩이(분화구) 때문에 달의 표면이 울퉁불퉁했어요.

각 별자리는 희미한 별들로 가득 차 있었고 은하수의 옅은 띠는 별의 무리로 이루어졌어요.

목성은 원반 모양이었고 주위를 도는 4개의 위성을 가지고 있었어요.

토성은 양쪽에 이상한 혹이 있었어요. 당시 갈릴레오의 망원경은 이것이 사실은 고리였다는 것을 보여 줄 만큼 성능이 뛰어나진 않았답니다.

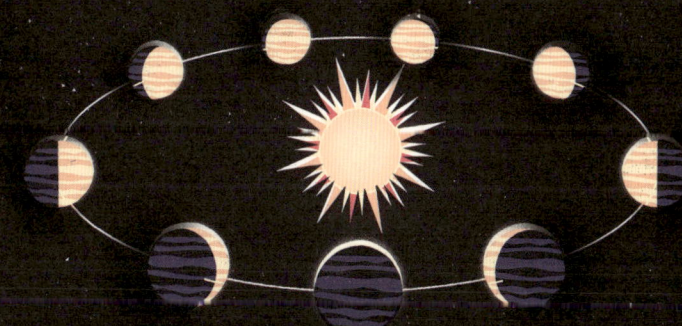

금성은 가끔씩 작은 원반처럼 보이기도 했지만 평소에는 큰 초승달처럼 보였어요.

갈릴레이는 자신이 발견한 것들을 『별에서 온 메시지』라는 책에 썼어요. 사람들은 갈릴레이의 주장을 의심했지만 더 좋은 망원경들이 나오면서 갈릴레이의 주장에 힘이 실리기 시작했지요.

위험에 빠진 갈릴레이

갈릴레이는 태양이 우주의 중심에 있다는 코페르니쿠스의 이론이 맞다고 확신했어요. 우주의 모든 행성은 태양을 중심으로 돌고 있고 금성의 모양이 변하는 것도 금성이 태양 주위를 돌고 있다고 가정했을 때에만 설명할 수 있었죠. 하지만 이러한 발견은 갈릴레이를 위험에 빠뜨렸어요. 바로 아리스토텔레스의 천동설을 지지하는 성직자들 때문이었어요.

1613년 갈릴레이는 자신이 발견한 태양의 흑점에 대해 써서 책으로 펴냈어요. 태양의 흑점은 태양면에 보이는 검은 점을 말하는데 실제로 검은 점은 아니고 주위보다 온도가 낮아 어둡게 관측된 거예요. 갈릴레이는 태양의 흑점에 대해 설명하다가 코페르니쿠스의 이론을 지지하는 것을 드러내고 말았어요.

종교 재판

당시 대부분의 가톨릭 신자들은 성서가 사실이라고 굳게 믿었어요. 갈릴레이는 교회와 등지지 않으려고 성서에는 거짓이 없으며 성서는 과학이 아닌 진리를 가르치는 것이라는 글도 썼어요. 성직자들은 분노했어요. 일개 수학자가 성서를 모독하고 학식이 높은 성직자들을 무시한다고 생각해 참을 수가 없었던 것이지요.

갈릴레이는 종교 재판을 받게 되었어요. 종교 재판은 처형될 수도 있을 만큼 위험했어요. 하지만 다행히 일부 성직자들은 갈릴레이가 발견한 이론이 성서에 반하는 뜻이 아니라는 갈릴레이의 말을 지지했어요.

재판에서 갈릴레이는 엄중한 질책을 받았고 태양 중심설을 가르치지 말라는 판결을 받았어요. 하지만 태양 중심설을 행성의 움직임을 예측하는 하나의 이론으로 논의할 수는 있게 되었답니다.

위험한 책

그 후 몇 년 동안 갈릴레이는 천문학을 가까이하지 않았어요. 하지만 천문학에 대한 논쟁까지 피할 수는 없었지요. 1623년에 갈릴레이는 실험과 수학을 통해 세상을 이해하는 방법을 책으로 썼어요.

성직자들은 이 책 때문에 갈릴레이에게 더 심한 반감을 품게 되었지요. 다행히 새로운 교황 우르바노 8세는 갈릴레이의 지지자였어요.

교황은 갈릴레이의 책을 승인해 주었고 갈릴레이가 교황을 방문했을 때 우주의 본질에 대해 더 쓸 수 있도록 용기를 주었어요. 그리고 갈릴레이는 『두 우주 체계에 관한 대화』라는 책을 쓰기 시작했어요.

이 책은 코페르니쿠스를 지지하는 인물과 아리스토텔레스를 지지하는 인물이 서로 자신들의 이론이 맞다고 설득하는 이야기였어요. 갈릴레이는 코페르니쿠스의 이론이 맞다고 하지는 않았지만 아리스토텔레스의 이론이 어리석다는 것은 드러냈답니다.

1632년에 이 책이 출판되자 싱직자들은 다시 한 번 분노했어요. 용기를 주던 교황도 태도를 바꿨어요. 종교 재판소는 갈릴레이가 해명하러 오지 않는다면 사슬에 묶어서 로마로 끌고 가겠다고 위협했어요.

그래도 지구는 돈다

1633년 69세의 갈릴레이는 다시 재판을 받게 되었어요. 5개월 동안의 심문과 고문의 위협으로 쇠약해지고 지친 갈릴레이는 결국 자신의 책이 태양 중심설을 찬성하는 것으로 보일 수 있다고 인정했지요.

『두 우주 체계에 관한 대화』는 유럽 전역의 가톨릭 국가에서 금지되었고 갈릴레이는 세상을 떠날 때까지 집밖을 나가지 못하는 벌을 받게 되었어요. 하지만 갈릴레이에게 무엇보다 가혹한 것은 지구가 태양 주위를 돈다는 이론이 틀렸다고 공개적으로 인정하게 한 것이었지요.

갈릴레이는 결국 자신의 신념을 포기했던 걸까요? 아무도 확실히 모른답니다. 하지만 재판을 마치고 나오면서 '그래도 지구는 돈다!'라고 혼잣말처럼 조용히 중얼거렸다는 이야기가 전설처럼 전해 내려오고 있어요.

새로운 과학

갈릴레이는 피렌체 외곽의 언덕에 있는 집에서 남은 생애를 보냈어요. 마지막 몇 년 동안 일에 파묻혀 지내다 1638년에 마지막 책인 『새로운 두 과학에 관한 담론』을 썼어요. 이탈리아가 아닌 네덜란드에서 출간된 이 책은 수 년 전 갈릴레이가 피사에서 처음 연구했던 '낙하 운동의 법칙'에 대한 증거를 제시하고 중력학의 기초를 마련했지요. 근대 과학의 시작이 된 위대한 책이었어요.

그즈음 갈릴레이는 시력을 잃었고 두 번 다시 별을 볼 수 없게 되었어요. 하지만 갈릴레이는 계속 손님을 맞이하며 새로운 발견에 대해 토론하고 심지어 진자시계까지 발명하며 바쁜 나날을 보냈어요.

그리고 1642년 1월 77세의 나이로 숨을 거두었어요. 세상에 수많은 업적을 남겼지만 교황의 반대로 대성당 대신 가까운 예배당에 묻히게 되었어요.

뒷이야기

오늘날 갈릴레이는 '근대 과학의 아버지'라고 불리기도 해요. 기존의 이론을 반박하고 증거를 찾고 장치를 발명해 자신의 이론을 입증하려고 했기 때문에 근대 과학 혁명의 중심이 되었거든요. 갈릴레이는 오로지 성서와 신을 중심으로 세계를 파악하는 교회에 치명적인 손상을 입혔고, 훗날 과학은 교회로부터 독립해 독자적인 길을 갈 수 있게 되었지요.

　　성당 안에 있는 가족 묘지에 묻히지 못하고 예배당 밖·종탑 밑에 묻혔던 갈릴레이는 1737년 산타 크로체 성당 본체로 옮겨져 묘비를 세울 수 있었어요. 오늘날 태양계는 갈릴레이가 상상했던 것보다 훨씬 더 복잡하다고 밝혀졌지만 갈릴레이의 천문학적 발견은 본질적으로 맞다고 입증되었어요.

　　로마 가톨릭 교회는 잘못을 인정하지 않다가 400여 년이 지난 1992년에 비로소, 교황 요한 바오로 2세가 갈릴레이에 대한 박해와 재판에 대해 공식적으로 사과했어요.

갈릴레이의 발자취를 따라서

갈릴레이가 망원경을 통해 우주를 처음 본 후 4세기가 지나는 동안 여러 세대의 과학자들이 갈릴레이가 상상했던 것보다 더 복잡한 우주를 발견했어요.

벤자민 베네커
베네커는 태양과 달과 행성의 경로를 매우 정확하게 계산하여 1792년부터 매년 연감으로 발표했어요.

프리드리히 베셀
1838년 베셀은 태양을 중심으로 하는 지구의 움직임을 이용해서 다른 별들이 지구로부터 수 광년 떨어져 있음을 증명했어요.

윌리엄 허셜과 캐롤라인 허셜
1784에서 1785년에 이 남매 천문학자들은 하늘의 별 패턴을 지도로 만들고 우리 은하계의 대략적인 형태를 완성했어요.

제임스 브래들리
1725년경 브래들리는 지구에 도달하는 별빛의 각도가 일 년 내내 변한다는 것을 발견했어요. 이것은 우리 지구가 태양 주위를 공전한다는 증거예요.

아이작 뉴턴
1687년 뉴턴은 물체의 움직임에 대한 갈릴레이의 개념을 확장시키고 행성과 달의 궤도를 중력을 통해 설명했어요.

애니 점프 캐넌
20세기 초 캐넌은 별빛을 측정하는 새로운 방식을 발견했어요. 먼 곳에 있는 항성들의 크기, 온도 및 밝기를 나타내는 데 도움이 되었어요.

스티븐 호킹
호킹은 중력뿐 아니라 우주의 시작과 끝을 연구했어요.

알베르트 아인슈타인
아인슈타인의 중력과 공간의 실체적 본질을 설명하는 유명한 상대성 이론은 갈릴레이의 원리에서 발전되었어요.

베라 루빈
1970년에 루빈은 은하에 방대한 양의 보이지 않는 암흑 물질이 있음을 증명했어요. 중력을 통해서만 존재를 인식할 수 있는 신비한 물질이에요.

헨리에타 스완 레빗
1912년에 레빗은 아주 먼 거리에 있는 별의 실제 밝기를 알아내는 방법을 발견했어요. 지구에서 더 멀리 떨어져 있는 별을 측정하는 열쇠가 되었어요.

캐서린 존슨
1950년대와 60년대에 존슨은 중력의 법칙을 사용해서 최초의 미국 우주 비행사들을 위한 지구 주위의 비행경로와 궤도를 계산했어요.

에드윈 허블
1920년대에 허블은 레빗의 방법을 이용해서 다른 은하들이 은하수 너머 수백만 광년 떨어져 있고 우주가 엄청난 속도로 팽창하고 있음을 증명했어요.

조르주 르메트르
1927년 가톨릭 사제였던 르메트르는 우주가 먼 과거에 발생한 대폭발로 탄생했다는 빅뱅이론을 제시했어요.

별들에게로

갈릴레이가 하늘을 관찰하기 위해 사용했던 망원경들은 시작에 불과했어요. 오늘날 천문학자들은 별을 관측하고 그 비밀을 밝혀내기 위해 갈릴레이가 상상할 수 있었던 것보다 훨씬 더 큰 장비들을 사용한답니다.

갈릴레이의 망원경은 렌즈를 사용했지만 오늘날 대부분의 대형 망원경들은 거대한 곡면 거울을 사용해서 빛을 모은 다음 이 빛을 연구용 카메라와 기타 장치들로 바로 보내주죠.

오늘날 지구에서 우주 정거장으로 가는 우주비행은 흔한 일이 되었어요. 게다가 허블 우주 망원경과 같은 로봇 망원경을 우주에 띄워 우주의 먼 곳까지 더 명확하게 볼 수 있답니다. 갈릴레이의 이름을 딴 우주 탐사선도 목성의 궤도를 8년 동안 돌았어요.

우주 탐사선은 갈릴레이가 망원경을 통해 보았던 행성과 위성이 이동하는 매우 아름다운 모습을 사진으로 보내주었어요. 그리고 현재 이러한 우주 탐사선 중 일부는 태양계 너머로 이동하며 우리의 메시지를 멀리 떨어진 별들에게 전하고 있답니다.

태양계의 실제 모습

카이퍼대
해왕성 너머에 있는 카이퍼대는
얼음으로 뒤덮인 '왜행성'의 본거지랍니다.

해왕성

화성

지구

금성

태양

수성

수성과 금성은 지구보다 태양에 더 가까운 궤도에 있기 때문에
우리는 수성과 금성을 항상 태양 근처에서 볼 수 있어요.

태양 가까이에는 수성, 금성, 지구, 화성과 같이 작고 바위가 많은 행성들이
돌고 있어요. 이들 중에서 지구가 가장 큰 행성이에요.

용어 해설

교황(Pope)
로마 가톨릭 교회의 우두머리.

궤도(Orbit)
행성과 같은 하나의 물체가 중력의 통제하에 태양과 같은 다른 물체를 따라 이동하는 길.

렌즈(Lens)
빛을 모으거나 분산하기 위해 수정이나 유리를 갈아서 만든 투명한 물체.

로마 가톨릭 교회(Roman Catholic Church)
로마 제국 말기부터 중세 시대까지 유럽 전역에 엄청난 힘을 행사했던 기독교 교회의 중요한 교파.

망원경(Telescope)
렌즈와 반사경을 사용하여 멀리 있는 물체를 확대하여 볼 수 있게 만든 장치.

맥박수(Pulse rate)
심장 박동에 의해 혈액이 동맥으로 보내질 때 동맥벽의 진동을 측정한 수.

무게(Weight)
질량을 가진 물체를 끌어당기는 중력에 의해 만들어지는 힘으로 물건의 무거운 정도를 말한다.

물질(Matter)
우주의 모든 물체의 본바탕.

별자리(Constellation)
별의 위치를 정하기 위해 밝은 별을 중심으로 천구를 몇 부분으로 나눈 것.

분화구(Crater)
행성이나 달 표면에 그릇 모양의 움푹 들어간 곳을 말하며 일반적으로 천체가 우주에 떠도는 암석과 부딪칠 때 만들어진다.

빅뱅(Big Bang)
대부분의 과학자들이 생각하는 138억 년 전에 우주를 탄생시킨 대폭발.

빛(Light)
물체가 복사 에너지를 흡수 또는 반사하여 나타내는 빛깔.

신성(Nova)
멀리 떨어진 희미한 별이 갑자기 격렬하게 폭발하며 밝게 나타나는 하늘의 새로운 별을 뜻한다.

은하(Galaxy)
별, 행성, 가스, 먼지 및 기타 물체.

은하수(Milky Way)
태양계가 포함된 은하를 말하고 지구가 포함되어 있기 때문에 천구를 가로지르는 띠 모양으로 보인다.

이론(Theory)
사물이나 현상이 이치를 논리적으로 일반화한 체계. 과학자들은 이론이 실재와 얼마나 일치하는지 확인하기 위해 이론을 실험하고 증명한다.

이슬람 종교(Islam)
선지자 무함마드가 600년대 초에 설립한 종교로 중동과 북아프리카를 거쳐 남부 유럽까지 빠르게 퍼져 나갔다.

점성가(Astrology)
우주 천체의 운행과 현상을 관찰하면서 미래를 점치는 사람.

종교 재판(Inquisition)
로마 가톨릭 교회가 이단자를 가려내기 위해 만든 종교적 재판.

중력(Gravity)
지구 위의 물체가 지구로부터 받는 힘.

중세(Medieval)
약 500년에서 1500년까지 왕과 왕비에 의해 통치되었던 시기로 유럽 국가에서는 교회의 힘이 매우 강력했고 성서가 가장 중요한 지식의 원천으로 취급되었다.

진자(Pendulum)
줄이나 막대 끝에 추를 매달아 앞뒤로 왔다 갔다 하게 만든 물체.

천문학(Astronomy)
우주의 별, 행성 및 기타 물체를 파악하고 연구하는 과학.

천체(Celestial bodies)
우주에 존재하는 모든 물체.

코페르니쿠스(Copernicus)
폴란드의 천문학자로 육안으로 천체를 관측해서 지동설을 주장했다.

태양계(Solar system)
태양과 태양을 중심으로 공전하는 천체의 집합.

태양 중심설, 지동설(Heliocentrism)
태양이 태양계의 중심에 있다는 개념으로 지구가 자전하면서 태양 주위를 돈다는 설.

항성(Fixed)
온도가 높아 스스로 빛을 발하는 기체로 이루어진 거대한 공 모양의 물체로 행성과 다른 물체.

행성(Planet)
우주 속에서 하나의 별 주위를 도는 큰 바위 또는 기체로 이루어진 공 모양의 천체.

항상 저에게 별을 바라보라고 격려해주신 아버지께
— 자일스 스패로

클로에에게 특별한 감사를 담아 이삭, 이슬라 그리고 맥스에게
— 제임스 웨스턴 루이스

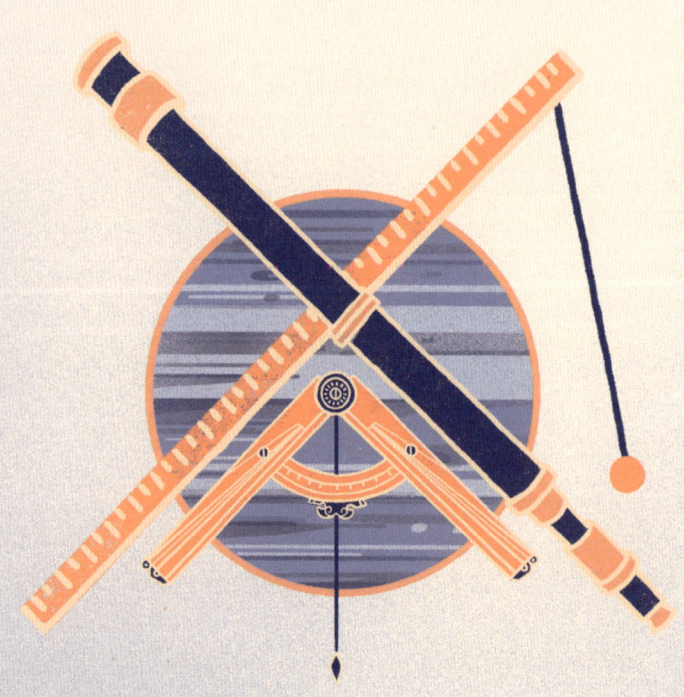

천체 지도

남반구

남반구 별자리

남반구